CB139884

O ENIGMA DA VIDA

ANNIE BESANT

O ENIGMA DA VIDA

Tradução

NAIR LACERDA

EDITORA PENSAMENTO
SÃO PAULO

Título do original:
The Riddle of Life

Edição original de The Theosophical Publishing House
Wheaton, IL, U.S.A. / Madras, Índia / Londres, Inglaterra

Edição	Ano
3-4-5-6-7-8-9-10	94-95-96-97

Direitos reservados
EDITORA PENSAMENTO LTDA.
Rua Dr. Mário Vicente, 374 — Fone: 272-1399
04270-000 – São Paulo, SP

Impresso em nossas oficinas gráficas.

Depois de muita procura, Annie Besant encontrou seu caminho e chegou a ver o Universo e a si própria em sua real perspectiva.

GEORGE BERNARD SHAW

Sumário

APRESENTAÇÃO

A vida, em toda a sua inocência, em sua nudez primordial, sem qualquer tipo de atributo, tem sido um eterno mistério para a mente humana. No decorrer das eras, cientistas, filósofos e fanáticos têm procurado insistentemente pela origem e o propósito de nossa existência.

Neste livro, com notável economia de palavras, Annie Besant oferece um estudo claro a respeito da criação e da evolução, dando uma resposta concisa e racional à pergunta que o homem vem repetindo ao longo dos séculos: O que é a vida e qual o seu propósito?

Publicado originariamente numa série de artigos na revista *The Theosophist*, sob o título geral de "Filosofia Elementar", este pequeno volume se transformou numa das obras clássicas da Teosofia e num dos manuais mais importantes em meio à vasta obra de sua Autora.

I

O QUE SIGNIFICA "TEOSOFIA"

A palavra *Teosofia* está agora nos lábios de muita gente, e, assim como M. Jourdain falava em prosa sem saber do que se tratava, muitos são teosofistas sem o saber. Porque Teosofia é Sabedoria Divina, e a Sabedoria é a luz que ilumina todo o homem que vem a este mundo. Não pertence a ninguém com exclusividade; pertence a cada qual inclusivamente, e o poder de recebê-la é o direito de possuí-la; o fato dessa posse cria o dever de compartilhar. Toda religião, toda filosofia, toda ciência, toda atividade extrai o que tem de verdade e beleza da Sabedoria Divina, mas não pode reclamar a posse dela como coisa sua, contra as demais. A Teosofia não pertence à Sociedade Teosófica; a Sociedade Teosófica é que pertence à Teosofia.

Qual é a essência da Teosofia? É o fato de que o homem, sendo ele próprio divino, pode conhecer a Divindade, de cuja vida compartilha.* Como corolário

* A palavra *homem* é usada neste livro com referência à humanidade, tanto ao homem como à mulher.

inevitável dessa verdade suprema, surge o fato da Fraternidade do Homem. A Vida divina é o espírito de tudo quanto existe, desde o átomo até o arcanjo; um grão de poeira não poderia existir se Deus estivesse ausente dele, e o mais elevado serafim não passa de uma faísca saída do Fogo eterno, que é Deus. Os que compartilham de uma Vida, formam, reunidos, uma Fraternidade. A imanência de Deus, a solidariedade do Homem, eis as verdades básicas da Teosofia.

Seus ensinamentos secundários são aqueles comuns aos ensinamentos de todas as religiões, vivas ou mortas: a Unidade de Deus; Sua Natureza Tríplice; a descida do espírito para a matéria, e daí as hierarquias das inteligências, das quais a humanidade é uma; o crescimento da humanidade pelo desdobramento da consciência e pela evolução dos corpos, isto é, pela Reencarnação; o progresso desse crescimento sob lei inviolável, a lei da causalidade, isto é, o karma; o ambiente para esse crescimento, os três mundos, o físico, o astral e o mental, ou a Terra, o mundo intermediário, e o céu; a existência de Mestres divinos, homens sobre-humanos.

Todas as religiões ensinam, ou ensinaram, essas coisas, embora de vez em quando um ou outro desses ensinamentos possa ficar temporariamente em segundo plano; mas eles sempre reaparecem — tal como a doutrina da reencarnação que saiu do Cristianismo eclesiástico e agora está retornando a ele. Estava submersa, mas emerge novamente.

A missão da Sociedade Teosófica como um todo é difundir essas verdades em todas as nações, embora não se imponha a qualquer membro, individualmente, a aceitação de qualquer delas. Deixa-se absoluta liberdade a cada membro, para estudar como lhe parecer, para aceitar ou rejeitar; mas se a Sociedade, como coletividade, deixasse de aceitar e difundir essas verdades, também deixaria de existir.

Essa unidade de ensinamentos entre as religiões do mundo deve-se ao fato de todas elas terem sido fundadas por membros da Fraternidade de Mestres divinos, que têm a custódia da Divina Sabedoria, da Teosofia. Dessa Fraternidade surgem, de vez em quando, os Fundadores de novas religiões, que sempre trazem consigo os mesmos ensinamentos, mas dão-lhes forma condizente com as condições da época, de acordo com o estágio intelectual do povo em cujo meio Eles aparecem, seu tipo, suas necessidades, sua capacidade. Os pontos essenciais são sempre os mesmos; os não essenciais variam. A identidade aparece nos símbolos que vemos em todos os tipos de fé, porque os símbolos formam a linguagem comum a todas as religiões. O círculo, o triângulo, a cruz, o olho, a estrela, entre muitos outros, sempre trazem o testemunho silencioso da unidade fundamental das religiões do mundo. Compreendendo isso, a Sociedade Teosófica atende a cada religião em seu próprio domínio e as reúne todas na Fraternidade.

A Teosofia constrói seus ensinamentos morais sobre a Unidade, vendo em cada forma a expressão de uma Vida comum. Daí considerar que o que fere a uma fere a todas. Fazer o mal, isto é, lançar veneno no sangue-vida da humanidade, é crime contra a Unidade. A Teosofia não tem código de ética, por ser em si mesma a corporificação da mais alta moralidade. Ela apresenta aos estudantes os mais altos ensinamentos de todas as religiões, reunindo as flores mais fragrantes dos jardins da fé no mundo. Sua Sociedade não tem código, porque qualquer código que fosse imposto com generalidade estaria correspondendo à média do nível mais baixo da época. E a Sociedade busca elevar seus membros acima do nível comum, mostrando-lhes sempre os mais altos ideais, e infundindo neles as mais elevadas aspirações. Ela busca desenvolver a lei interior e não impor a lei exterior. Seu modo de proceder com os menos evoluídos dos seus membros não é a expulsão, mas a reforma.

A incorporação da Sabedoria Divina numa organização forma um núcleo, a partir do qual as forças da vida podem irradiar. Novo e sólido vínculo é assim formado entre o mundo espiritual e o material. E é, na grande verdade, um Sacramento, "o signo exterior e visível de uma graça interior e espiritual", um testemunho da Vida de Deus no Homem.

II

O SISTEMA SOLAR

Um Sistema Solar é um grupo de mundos que circulam em torno de um Sol central, do qual absorvem luz, vida e energia. Nesse ponto, todos os teosofistas e não-teosofistas estão de acordo. O teosofista, entretanto, vê muito mais do que isso num Sistema Solar. Para ele, esse Sistema é um vasto Campo de Evolução, presidido por um Senhor divino, que criou a matéria de que esse Campo é feito tirando-a do espaço exterior, saturando essa matéria com a Sua Vida, organizando-a em Seu Corpo; e de Seu Coração, o Sol, difundindo a energia que circula através do Sistema, com seu sangue vital. Sangue vital esse que retorna ao Coração, quando suas propriedades nutrientes se exaurem, para ser recarregado e enviado, novamente, ao seu trabalho sustentador da vida.

Portanto, para o teosofista, um Sistema Solar não é apenas um esplêndido mecanismo de matéria física, mas a expressão de uma Vida e a sementeira de vidas dela derivadas, impregnada em cada parte por uma inteligência latente ou ativa, pelo desejo e pela atividade. Ela "existe por causa do Eu", a fim de que os germes da Divindade, os Eus em embrião, emanados do Eu Supremo, possam desenvolver-se com a aparência do Deus-Pai, de cuja natureza compartilham, sendo, verdadeiramente, "participantes da Natureza divina". Seus globos são "apoios do homem" e não apenas do homem, mas também de seres subumanos, que são seus habitantes. Em mundos mais sutis do que o físico, vivem seres muito mais desenvolvidos do que os homens, e também seres menos desenvolvidos, revestidos de corpos de matéria mais fina do que a física, portanto invisíveis para olhos físicos, mas nem por isso menos ativos e inteligentes. Seres entre cujas hostes são encontradas miríades de homens, homens que, naquela ocasião, descartaram seu vestuário de carne, mas não deixaram de ser homens que pensam, que amam, que são ativos. E mesmo durante a vida em nossa terra física, metidos na veste de carne, os homens estão em contato com esses outros mundos e seres de outros mundos, e podem ter um relacionamento consciente com eles, tal como testemunham os Fundadores, os Profetas, os Místicos e os Videntes de todos os tipos de fé.

O divino Senhor se manifesta em Seu Sistema sob três Aspectos ou "Pessoas": o Criador, o Preservador e o Regenerador. Esses são o Espírito Santo, o Filho e o Pai do cristão; Brahma, Vishnu e Shiva, do hindu; Chokhmah, Binah e Kether, do cabalista hebreu; o Terceiro, o Segundo e o Primeiro Logos, do teosofista, que usa o antigo termo grego, "a PALAVRA", para o Deus manifestado.

A matéria do Sistema é construída pelo Terceiro Logos, sete tipos de átomos sendo formados por Ele; as agregações compostas com esses átomos dão os sete tipos fundamentais de matéria encontrados no Sistema, cada uma mais densa que a precedente, cada tipo relacionado com um estágio diferente da Consciência. Chamamos a matéria composta de certo tipo específico de átomo um plano ou mundo, e assim reconhecemos sete desses planos no Sistema Solar. Os dois mais altos são os planos divinos, ou superespirituais, os planos do Logoi, e os que ficam abaixo desses dois são o local de nascimento e o habitat do Eu humano, a Mônada, o Deus no homem; os dois que se sucedem são os planos espirituais e, ao alcançá-los, o homem compreende que é divino; o quinto, ainda em processo de densificação, é o plano intelectual; o sexto, o emocional, o passional, sede das sensações e desejos, geralmente é chamado de plano astral; o sétimo é o plano físico. A matéria dos planos espirituais está relacionada com o estágio espiritual da Consciência, e é tão sutil e plástica que cede a todos os impulsos do Espírito e o senso da separatividade perde-se no da Unidade. A matéria do plano intelectual está relacionada com o estágio intelectual da Consciência, com o Pensamento e a Cognição, e cada mudança de Pensamento é acompanhada de uma vibração da sua matéria. O falecido W. K. Clifford parece ter reconhecido a "matéria mental" como constituinte do cosmos, porque, cada força precisando ter o seu meio, o pensamento, visto como força, precisaria de um tipo especial de matéria para o seu trabalho. A matéria do plano astral relaciona-se com o estágio de desejo da Consciência; cada mudança na emoção, na paixão, no desejo, na sensação sendo acompanhada por uma vibração na sua matéria. A matéria do plano físico é mais rústica ou mais densa, e a primeira a ser organizada para a expressão ativa da Consciência humana.

Esses tipos de matéria, interpenetrando-se — como os sólidos, os líquidos, os gases e os éteres físicos interpenetram os objetos que nos rodeiam, não se difundindo todos igualmente sobre o geral da área ocupada pelo Sistema Solar, mas agregando-se, em parte, formando outros planetas, mundos ou globos. Os três tipos mais sutis de matéria difundem-se pelo todo, e são, assim, comuns ao Sistema, enquanto os quatro tipos mais densos compõem e envolvem os globos, e os campos por eles ocupados não estão em contato íntimo.

Lemos, em várias escrituras, sobre "Sete Espíritos": o Cristianismo e o Islã têm sete arcanjos; o Zoroastrismo, sete amshapendas; o Judaísmo, as sete sephiroth; a Teosofia dá-lhes o nome de sete Logos planetários, e eles são os governantes dos planetas Vulcano,* Vênus, Terra, Júpiter, Saturno, Urano e Netuno.

Cada um desses sete planetas é o ponto de reversão de uma cadeia de mundos interligados, presidida por um Logos planetário, e cada cadeia é um Campo separado de evolução, desde as mais primitivas origens até o homem.

Há, assim, sete Campos subsidiários de Evolução num Sistema Solar, e eles estão, naturalmente, em diferentes estágios de progresso. A cadeia consiste em sete globos, dos quais um é, geralmente, de matéria física, e os outros se apresentam de matéria mais fina. Contudo, em nossa própria cadeia, em nossa terra, há dois globos

* Vulcano não foi descoberto por cientistas.

irmãos, visíveis ao olho físico: Marte e Mercúrio. E mais quatro companheiros invisíveis. A onda de vida evolucionária, apoiando seres em evolução, ocupa um globo de cada vez — com certas exceções especiais que não precisam ser mencionadas aqui — passando ao próximo, pela ordem, quando as lições do antecedente tiverem sido aprendidas. Assim, nossa humanidade tem caminhado do globo 1, no plano mental, para o globo 2, no plano astral, e daí para o globo 3, que é Marte, e para o globo 4, nossa Terra, de onde passará para o globo 5, que é Mercúrio, e daí para o globo 6, de novo no plano astral, e a seguir para o globo 7, no plano mental. Isso completa uma grande Ronda evolucionária, tal como é chamada apropriadamente.

Esse imenso esquema de evolução não pode ser prontamente apreendido pelos ignorantes, tal como não o pode ser o esquema correspondente do astrônomo, que trata apenas do plano físico. Nem é necessário que ele seja compreendido pelas inteligências limitadas, pois não tem relação imediata com a vida. Só interessa ao homem que, desejoso de compreender, está pronto para se engalfinhar com os problemas mais profundos da Natureza, e não foge ao duro trabalho intelectual.

III

O HOMEM E SEUS MUNDOS

O homem é uma Inteligência espiritual que se revestiu de carne com o objetivo de ganhar experiência em mundos abaixo do espiritual, a fim de poder conhecê-los e governá-los, e, em épocas posteriores, tomar seu lugar nas Hierarquias criativas e dirigentes do universo.

É lei universal a que diz que a Consciência só pode saber aquilo que pode reproduzir; uma Consciência pode conhecer outra na proporção da sua capacidade para reproduzir dentro de si própria as modificações dessa outra. Se um homem sente dor quando outro homem a sente, se é feliz quando outro também o é, se tem ansiedade, confiança, etc., ao mesmo tempo que outro, reproduzindo imediatamente sua disposição de espírito, esse homem conhece o outro. Simpatia, isto é, "sentir ao mesmo tempo", é a condição para esse conhecimento. Contudo, a Consciência trabalha em corpos; estamos vestidos, não estamos nus; e esses corpos são compostos de matéria. A Consciência pode afetar a Consciência, mas como pode a Consciência afetar esses corpos?

Há uma outra lei, a de que uma mudança na Consciência é imediatamente acompanhada por uma vibração na matéria que lhe está próxima, e cada mudança tem sua vibração-resposta, tal como um som musical e o comprimento e a espessura da corda, invariavelmente andam juntas. Num Sistema Solar, todas as Consciências separadas são parte da Consciência do Senhor divino do sistema, e toda a matéria do sistema é o Seu corpo — "Nele vivemos, nos movemos e temos o nosso ser." Ele formou essa matéria e relacionou-a com Ele próprio, de forma que ela responde, em toda parte, por inumeráveis tipos de vibrações, às inumeráveis mudanças em Sua Consciência, mutuamente. Sobre Seu completo e vasto Reino, Sua Consciência e Sua matéria respondem uma à outra, em perfeita e perpétua harmonia, e inviolável relacionamento.

O homem partilha com o Senhor divino esse relacionamento, mas de forma elementar e fraca; às mudanças em sua Consciência correspondem vibrações na matéria que o cerca, mas isso só é perfeito e completo, de início, nos mundos superespirituais, onde ele existe como uma emanação do Senhor; ali, cada vibração da matéria corresponde a uma mudança em sua Consciência, e ele conhece esse mundo, seu local de nascimento e seu lar. Entretanto, em mundos de matéria mais densa do que a dessa região elevada, ele é, até agora, um estranho; as vibrações dessa matéria mais densa, embora o rodeiem, não o afetam. Para ele, é como se elas não existissem, tal como as ondas que levam mensagens pelo telégrafo sem fio não nos afetam neste mundo, e, para nossos sentidos, são como se não existissem. Como, então, pode ele chegar a se parecer com seu divino Pai, para o qual cada vibração é uma mensagem, que pode estabelecer na matéria qualquer vibração desejada através de uma mudança em sua Consciência, que está consciente e ativo em cada ponto do Seu sistema?

Temos a resposta nas palavras Involução e Evolução. O homem precisa involuir para a matéria, atrair para si próprio um revestimento de matéria, atrair à sua volta matéria de todos os mundos — o espiritual, o intelectual, o emocional e o físico. Esse é o envolvimento do Espírito pela matéria — a Involução — às vezes chamada a queda do Homem. Então, tendo adquirido esse revestimento, ele deve, lentamente, tentar compreender as mudanças nele próprio — em sua própria Consciência —, as agitantes, estonteantes, confusas mudanças que vêm e vão sem a interferência da sua vontade, devido às vibrações instaladas em seu revestimento material pelas vibrações no mundo maior que o rodeia. E isso infringe à sua Consciência modificações e disposições involuntárias. Ele terá de desenredar tudo isso, colocando cada coisa em sua própria origem; terá de aprender, através delas, a existência e os pormenores dos mundos que o rodeiam; terá de organizar a matéria que mais lhe convém — seus corpos —, fazendo-os agentes cada vez mais complexos e receptivos, além de discriminativos; terá de receber ou recusar desses corpos, conforme deseje, as vibrações que se chocam no exterior, em torno deles; e, finalmente, através deles, terá de imprimir as mudanças em sua Consciência, sobre a Natureza exterior, e assim tornar-se o seu Governante e não o seu escravo. Isso é Evolução: a ascensão do Espírito através da matéria, seu desenvolvimento dentro da veste material haurida nos vários mundos que formam o ambiente em que ele vive. O espírito permeia com sua própria vida a matéria de que se apropria, tornando-a, assim, dócil serva do Espírito e redimindo-a de seus rudes usos, para o serviço dos liberados Filhos de Deus.

Esse revestimento material, obtido dos diferentes mundos, aos poucos deve ser organizado pelos impactos externos e respostas internas, fazendo-se um "corpo" ou um veículo da Consciência. É organizado a partir de baixo para cima, do denso para o sutil, sendo o material de cada mundo organizado separadamente, como forma de receber comunicação e de atuar sobre seu próprio mundo. O material físico primeiro é atraído como massa bastante compacta, e os órgãos que mantêm o processo da vida, bem como os dos sentidos, evoluem lentamente de início: o complicado e maravilhoso corpo físico evolui há milhões de anos, e ainda está em evolução. Ele põe o homem em contato com o mundo físico que o cerca, mundo que ele pode ver, ouvir, tocar e cheirar, e no qual ele pode causar modificações usando seu cérebro e nervos, dirigindo e controlando seus músculos, mãos e pés. O corpo não é perfeito porque ainda há muita coisa no mundo físico a que ele não pode reagir — formas, como átomos, que ele não pode ver, sons que não pode ouvir e forças que não pode perceber enquanto elas não produzirem efeitos ao mover grandes massas de matéria que podem ser vistas. O homem fez instrumentos delicados para ajudar seus sentidos e aumentar a extensão de sua capacidade de percepção — telescópios e microscópios para ajudar os olhos, microfones para ajudar os ouvidos, galvanômetros para descobrir forças que escapam aos sentidos. Em breve, porém, a evolução de seu próprio corpo irá levá-lo a conhecer todo o seu mundo físico.

Quando esse corpo físico estiver altamente organizado, o material mais sutil logo a seguir, o astral, estará sendo igualmente evoluído, levando o homem, gradualmente, ao contato com o astral — o mundo do desejo, do emocional, do passional — que o rodeia. A maioria das pessoas do tempo presente se está tornando ligeiramente consciente dos impactos do astral, enquanto outras os estão distinguindo claramente. Premonições, advertências, contato consciente com os "mortos", etc., tudo acontece a quem está aberto a impressões do mundo astral.

O terceiro estado da matéria, o mental, também está em processo de organização, colocando o homem em contato com o mundo intelectual que o rodeia. À proporção que o corpo mental evolui, o homem vai se relacionando de uma forma consciente com correntes mentais, com a mente de outros, próximos ou distantes, "vivos" ou "mortos".

Depois disso, ainda restam os mundos espirituais para o homem conquistar, e ele tem seu corpo apropriado, o "corpo espiritual" de que fala São Paulo. Essa organização da matéria para ser a serva do Espírito é a parte reservada ao homem na grande oficina dos mundos e, quando o estágio humano termina, nada haverá no Sistema Solar que ele não seja capaz de conhecer ou de influenciar. Ele veio puro de junto do

Senhor divino, mas ignorante e inútil fora da região sutil do seu nascimento; e volta, depois da longa peregrinação, como um forte e sábio Filho de Deus, pronto para assumir sua parte através das eras futuras, como ministro da Vontade divina nos campos de serviço em constante expansão.

IV

O HOMEM E SEUS CORPOS MORTAIS

Os Mundos nos quais o homem está evoluindo à proporção que faz sua caminhada pelo círculo de nascimentos e mortes são três: o mundo físico, o astral ou intermediário e o mundo mental ou celeste. Nesses três mundos ele vive, do nascimento à morte, em sua vigília do dia-a-dia; nos dois primeiros ele vive, do nascimento à morte, em sua vida noturna de sono e por algum tempo depois da morte; no último, ocasionalmente, mas raramente, ele entra, durante o sono, em alto transe, e ali passa a parte mais importante da sua vida depois da morte, alongando-se o período ali vivido à proporção que ele evolui.

Os três corpos nos quais ele funciona nesses três mundos são todos mortais: nascem e morrem. Melhoram vida após vida, tornando-se mais e mais valiosos para servir como instrumentos do Espírito revelado. São cópias, em matéria mais densa, dos corpos espirituais imortais, não influenciados pelo nascimento ou pela morte, e formam o vestuário do Espírito nos mundos superiores, onde ele vive como o Homem espiritual, enquanto aqui vive como o homem de carne, o homem "carnal". Esses corpos espirituais imortais são aquilo de que fala São Paulo: "Sabemos que, se a morada terrena deste tabernáculo fosse dissolvida, teríamos uma casa de Deus, uma casa que não foi feita com as mãos, e que é eterna nos céus. Por esta, nos lamentamos, desejando ardentemente sermos providos com a nossa morada que está no céu." Esses são os corpos imortais, e deles trataremos em outro capítulo.

Os três corpos mortais são: o físico, o astral e o mental, e estão relacionados, individualmente, com os três mundos nomeados anteriormente.

O corpo físico

Este é, no momento, o corpo mais altamente desenvolvido do homem, e aquele com o qual todos estamos familiarizados. Consiste em matéria sólida, líquida, gasosa e etérica, as três primeiras primorosamente organizadas em células e tecidos, formando órgãos que permitem à percepção tornar-se consciente do mundo exterior, e a última possuindo vórtices através dos quais derramam-se forças. Como o corpo etérico separa-se do sólido, do líquido e do gasoso por ocasião da morte, o corpo físico é, com freqüência, subdividido em denso e etérico; o primeiro é composto dos órgãos que recebem e atuam, e o último é o veículo das forças vitais e seu transmissor para o seu companheiro denso. Qualquer rompimento da parte etérica em relação ao corpo denso, durante a vida física, é pernicioso; esse rompimento pode ser causado por anestésicos, e ele desliza para fora, sem governo, em algumas organizações peculiares, geralmente chamadas "mediúnicas"; separado de seu companheiro mais denso, torna-se indefeso e inconsciente, nuvem levada pelos centros de força, inútil quando não há para quem transmitir as forças que se movem nele e sujeito à manipulação de entidades exteriores, que podem usá-lo como um molde para materializações. Ele não pode afastar-se muito do corpo denso, pois este pereceria se perdesse a conexão com ele. Quando essa desconexão acontece, a parte densa "morre", isto é, perde o fluxo de forças vitais que sustentam suas atividades. Mesmo assim, a parte etérica, ou duplo etérico, paira próximo do seu parceiro na vida, e se constitui na "aparição" ou "sombra", vista depois da morte, movendo-se sobre as sepulturas. O corpo físico, como um todo, é o meio que o homem tem para se comunicar com o mundo físico e, por causa disso, às vezes é chamado de "corpo de ação". Ele também recebe vibrações dos mundos mais sutis e, quando pode reproduzi-las, "sente" e "pensa", pois seu sistema nervoso é organizado para reproduzir essas vibrações na matéria física. Como o ar invisível, vibrando fortemente, encrespa a superfície da água densa e, como a luz invisível, ativa os filamentos nervosos e os cones retinianos, a matéria invisível dos mundos mais sutis leva vibrações sensíveis para a matéria mais densa do nosso corpo físico, tanto etérico quanto denso. A evolução continua e o corpo físico evolui, isto é, reúne combinações cada vez mais finas de matéria retirada do mundo exterior, torna-se suscetível a ondas de vibração cada vez mais rápidas, e o homem se vai fazendo cada vez mais "sensitivo". A evolução racial consiste em grande parte nessa sensitividade sempre crescente do sistema nervoso aos impactos externos; para a saúde, a sensitividade deve permanecer dentro dos limites da elasticidade, isto é, o sistema deve recobrar imediatamente sua condição normal, após a distorção; se essa condição existir, a sensitividade estará na crista da onda evolucionária e torna possível a manifestação de gênios. Se não estiver presente, se o equilíbrio não for restaurado rápida e espontaneamente então a sensitividade é nociva e malévola, levando à degeneração, e, finalmente, se não for freada, à loucura.

O corpo astral

O desenvolvimento do corpo astral difere imensamente de acordo com a pessoa, mas em todas elas é o corpo que oferece a experiência do prazer e da dor, que é atirado à ação e à paixão, ao desejo e à emoção, e é no corpo que residem os centros de nossos órgãos do sentido — a visão, a audição, o olfato, o gosto e o tato. Se a paixão, o desejo e a emoção forem baixos e sensuais, então a matéria é densa; suas vibrações, em conseqüência, mostram-se relativamente lentas, e suas cores são escuras e sem atrativos — marrom, vermelho e verde escuros, e suas combinações se iluminam de vez em quando por algum rápido relâmpago escarlate, o que indica uma pessoa em estágio inferior de evolução. Marrom-avermelhado indica sensualidade e avidez; cinza-esverdeado indica falsidade e astúcia; marrom indica egoísmo; escarlate indica cólera; amarelo em volta da cabeça significa inteligência; o cinza-azulado sobre a cabeça indica sentimentos religiosos primitivos (culto fetichista, etc.); pontos de rosa profundo indicam início de amor. À proporção que a evolução continua, a matéria faz-se mais fina, as cores mais claras, mais puras, mais brilhantes. O verde indica simpatia e adaptabilidade; o rosa indica amor; o azul fala de sentimentos religiosos; o amarelo indica inteligência; o violeta, quando acima da cabeça, indica espiritualidade.

Usamos esse corpo durante as horas em que estamos acordados; em pessoas educadas e refinadas, ele alcançou um estágio bastante alto de evolução. Sua matéria mais fina está em contato íntimo com a matéria do corpo mental, e ambos trabalham juntos, constantemente, agindo e reagindo um sobre o outro. A aparência comum do corpo astral se transforma quando outro ser humano se torna o centro do seu mundo. O egoísmo, a falsidade e a cólera desaparecem, e um aumento enorme do carmesim, cor do amor, torna-se visível. Outras modificações indesejáveis ocorrem, mas isso é uma abertura das portas de ouro para aquele que passa por essa experiência e será culpado se elas se fecharem novamente. A cólera intensa mostra seus terríveis efeitos no corpo astral; todo ele é coberto pela tonalidade sombria da malícia e dos maus desejos, que se expressa em espirais e vórtices de um sombrio tom tempestuoso, do qual partem flechas ardentes, procurando ferir a pessoa pela qual é sentida essa cólera — um espetáculo tremenda e verdadeiramente medonho.

Durante o sono, o corpo astral desprende-se do físico, e nas pessoas altamente desenvolvidas a consciência funciona nos corpos superiores e no mental. Aprendemos muito durante o nosso sono, e o conhecimento assim obtido filtra-se para o cérebro físico, e às vezes fica impresso nele, como um sonho vívido e instrutivo. No mundo astral, na maioria dos casos, a consciência pouco se preocupa com o que está acontecendo ali, já que seu interesse principal está em seu próprio exercício, em pensamento e emoção. Mas é possível levá-la a exteriorizar-se para ganhar conhecimento do mundo astral. Ali, a comunicação com amigos que perderam seu corpo físico pela morte é conseguida constantemente, e a recordação disso pode ser levada para a consciência em vigília, formando, assim, uma ponte sobre o abismo cavado pela morte.

Premonições, pressentimentos, a sensação de uma presença invisível e muitas outras experiências desse gênero são devidas à atividade do corpo astral e às suas reações sobre o físico; o aumento da freqüência dessas sensações resulta da sua evolução entre pessoas cultas. Dentro de poucas gerações ele terá seu desenvolvimento tão generalizado, que irá tornar-se tão familiar como o corpo físico. Depois da morte, vivemos por algum tempo no corpo astral usado durante nossa vida na Terra, e quanto mais aprendermos a controlá-lo e a usá-lo sensatamente agora, melhor será para nós depois da morte.

O corpo mental

Esse corpo, de matéria mais fina do que a do astral, como a do astral é mais fina do que a do físico, é o corpo que responde com suas vibrações às mudanças do nosso pensamento. Cada mudança no pensamento produz uma vibração em nosso corpo mental e põe em atividade a matéria nervosa do nosso cérebro. Essa atividade nas células nervosas produz nelas muitas modificações elétricas e químicas, mas é a atividade do pensamento que causa isso e não as modificações que produzem o pensamento.

O corpo mental, como o astral, varia muito de pessoa para pessoa; ele é feito de matéria mais rústica ou mais fina, de acordo com as necessidades da consciência mais ou menos desenvolvida que esteja em conexão com ele. Nas pessoas cultas, ele é ativo e bem-definido; nos não desenvolvidos é nublado e incipiente. Sua matéria, obtida no plano mental, é a do mundo celeste, e está em constante atividade, pois o homem pensa em sua consciência desperta quando está fora do corpo físico, no sono e depois da morte, e vive apenas em pensamento e emoção quando deixa para trás o mundo astral e passa para o céu. Sendo esse o corpo no qual longos séculos serão passados no mundo celeste, é evidente que será racional tentar aperfeiçoá-lo tanto quanto possível aqui. Os meios são o estudo, o pensamento, o exercício de boas emoções, a aspiração (prece) e o empenho em fazer o bem. E, acima de tudo, a prática regular e persistente da meditação. O uso desses recursos significará uma rápida evolução do corpo mental e um imenso enriquecimento da vida celeste. Maus pensamentos, de todos os tipos, poluem-no, prejudicam-no, e, se forem persistentes, irão tornar-se verdadeiras doenças e mutilações do corpo mental, incuráveis durante seu período de vida.

Assim são os três corpos mortais do homem: ele descarta o físico pela morte e, o astral, quando estiver pronto para entrar no mundo celeste. Quando terminar sua vida celeste, o seu corpo mental também se desintegrará e, então, ele será um Espírito, revestido de seus corpos imortais. Na descida para o renascimento, um novo corpo mental é formado, e também um novo corpo astral, de acordo com a personalidade de cada um. E ambos ligam-se ao seu corpo físico. E o homem entra, pelo nascimento, em um novo período de vida.

V

OS CORPOS IMORTAIS DO HOMEM

"Temos uma casa de Deus, uma casa que não é feita com as mãos, e que é eterna nos céus" — disse o grande Iniciado cristão São Paulo, "porque neste (corpo) gememos, desejando ardentemente sermos providos com a nossa morada que está no céu." Essa casa celeste é a que se constrói com os corpos imortais do Homem, a habitação do Espírito através de eras infinitas, a morada do próprio homem, através de nascimentos e mortes, através do incomensurável período de sua vida imortal em manifestação.

O Espírito, que é "o fruto de Deus", reside sempre no seio do Pai, como verdadeiro filho de Deus, e compartilha a Sua vida eterna. Deus fez o homem para ser "a imagem da Sua própria eternidade". A esse Espírito chamamos Mônada, porque é uma unidade, a verdadeira essência da Personalidade. A Mônada, quando desce para a matéria, a fim de conquistá-la e espiritualizá-la, apreende para si própria um átomo de cada um dos três mundos superiores, para deles fazer os núcleos dos seus três corpos superiores — o superespiritual, o espiritual e o intelectual. A esses corpos, com um fio de matéria espiritual (búdica), liga-se também uma partícula de cada um dos três mundos inferiores, núcleos dos seus três corpos inferiores.

Por longas, longas eras, ele paira sobre esses núcleos, enquanto seus futuros corpos mortais, apenas tocados com a sua vida, escalam vagarosamente a subida através dos reinos mineral, vegetal e animal, enquanto pequenas agregações da matéria dos três mundos superiores (a "morada de Deus. . . nos céus") formam um canal para a sua vida, começando a manifestar-se naqueles mundos; e quando a forma animal atinge o ponto em que a vida que sobe faz um forte apelo ao superior, ele envia através dela, em resposta, uma pulsação de sua vida, e o corpo intelectual subitamente é completado, tal como a luz lança raios entre os carvões de um arco elétrico. O homem então está individualizado para a vida nos mundos inferiores.

O corpo superespiritual (átmico) é apenas um átomo desse mundo elevado, a mais fina película de matéria, encarnação do Espírito, "Deus feito carne", num sentido muito real, divindade mergulhando no oceano da matéria, não menos divina por estar encarnada. Aos poucos, para esse corpo superespiritual passará o resultado puro de todas as experiências armazenadas durante a eternidade, e os dois corpos imortais inferiores irão aos poucos imergindo nele, misturando-se com ele, nas gloriosas vestes de um homem conscientemente divino, que se tornou perfeito.

O corpo espiritual (búdico) pertence ao segundo mundo manifestado, o mundo da pura sabedoria espiritual, do conhecimento e do amor reunidos, às vezes chamado o "corpo de Cristo", pois ele nasce para a atividade na primeira grande Iniciação e se desenvolve até "a plenitude da medida da estatura do Cristo" no Caminho da Santidade. Ele é alimentado com todas as aspirações elevadas e amorosas, pela pura compaixão e pela ternura e piedade que tudo envolvem.

O corpo intelectual (causal) é a mente superior, pela qual o homem lida com abstrações, com o que é "da natureza do conhecimento", no qual ele conhece a verdade por intuição, não pelo raciocínio, pedindo por empréstimo à sua mente inferior métodos de raciocínio, apenas para estabelecer no mundo inferior verdades que ele conhece diretamente. Nesse corpo, o homem é chamado de Ego, e começa a compreender sua própria divindade. Ele se alimenta e se desenvolve com o pensamento abstrato, pela meditação tenaz, pela serenidade, pela submissão do intelecto ao serviço. Por natureza, ele é independente, pois é um instrumento de individualização, e deve crescer forte e se bastar a si mesmo, a fim de dar a necessária estabilidade ao sutil corpo espiritual com que está mesclado.

Esses são os corpos imortais do homem, não sujeitos ao nascimento nem à morte; eles é que proporcionam a memória contínua, que é a essência da individualidade; eles são a casa do tesouro de tudo quanto merece a imortalidade. Neles não pode entrar "nada do que macule". Eles são o eterno lugar de morada do Espírito. Neles está realizada a promessa: "Eu morarei neles e caminharei neles." Eles fazem da prece do Cristo uma realidade: "Que eles também possam ser um em Nós." Eles confirmam o grito triunfante do hindu: "Eu sou Tu."

VI

A LEI DO RENASCIMENTO

A Reencarnação no Passado

Talvez não haja no mundo doutrina filosófica que tenha tão esplêndida ancestralidade como a da Reencarnação — o desenvolvimento do Espírito humano através de repetidas vidas na Terra —, experiências que são reunidas durante a existência terrena e trabalhadas para se transformarem em capacidade intelectual e consciência durante a vida celeste. Assim, uma criança nasce com suas experiências pretéritas transformadas em tendências e possibilidades mentais e morais. Como acertadamente observou Max Müller, as maiores inteligências que a humanidade produziu aceitaram a Reencarnação. A Reencarnação é ensinada e ilustrada nos grandes épicos hindus, como fato indubitável, no qual a moralidade se baseia. E a esplêndida literatura hindu, que encanta os eruditos europeus, está impregnada dessa certeza. Buda ensinou a Reencarnação e falava constantemente em seus nascimentos anteriores. Pitágoras fazia o mesmo, e Platão incluiu-a em seus escritos filosóficos. Josephus declara que essa idéia era aceita pelos judeus, e conta a história de um capitão que encorajava seus soldados a lutar até a morte, fazendo-lhes lembrar seu retorno à Terra. Na *Sabedoria de Salomão* está dito que nascer num corpo impoluto era a recompensa "por ser bom". Cristo aceitou-a, dizendo a seus discípulos que João Batista era Elias. Virgílio e Ovídio consideravam-na como coisa estabelecida. O ritual composto pelos sábios do Egito ensinava-a. As escolas neoplatônicas aceitavam-na, e Orígenes, o mais culto dos padres cristãos, declarou que "todo o homem recebia um corpo segundo seus méritos e suas ações passadas". Embora condenada por um Concílio da Igreja Romana, as seitas heréticas mantiveram essa velha tradição. E veio até nós, da Idade Média, a palavra de um culto filho do Islã: "Morri como pedra e tornei-me uma planta; morri como planta, e tornei-me um animal; morri como animal, e tornei-me um homem. Por que temeria eu a morte? Quando foi que me tornei menos do que era, por morrer? Morrerei como homem, e me tornarei um anjo." Posteriormente, encontramos a Reencarnação ensinada por Goethe, Fichte, Schelling e Lessing, para citar apenas alguns entre os filósofos alemães. Goethe, em sua velhice, antecipava alegremente a idéia do retorno. Hume declarou que aquela era a única doutrina da imortalidade que um filósofo poderia considerar, opinião, de certa forma, semelhante à do nosso professor McTaggart, o inglês que, analisando a imortalidade em suas várias teorias, chegou à conclusão de que a da Reencarnação era a mais racional. Não preciso lembrar a ninguém que tenha cultura literária o fato de que Wordworth, Browing, Rossetti e outros poetas acreditavam nela. O reaparecimento da crença na Reencarnação não é, portanto, a emergência de uma crença supersticiosa entre nações civilizadas, mas um sinal de recuperação no que se refere a uma temporária aberração mental do Cristianismo, de uma desracionalização da religião, que produziu tanto mal e deu lugar a tanto ceticismo e materialismo. Afirmar que há a criação especial de uma alma para cada novo corpo implica que a vinda da alma à existência depende da formação de um corpo, e leva, inevitavelmente, à conclusão de que, com a morte, a alma passará a não mais existir. Que uma alma sem passado possa ter um futuro pela eternidade é tão incrível como dizer que uma bengala poderia existir com uma única ponta. Só a alma que não nasceu pode esperar não ser levada pela morte. A perda do ensinamento da Reencarnação — com seu purgatório temporário resultante de sentimentos nocivos, e seu céu temporário para a transformação da experiência em capacidade — deu origem à idéia de um céu infinito, do qual ninguém é bastante digno, e de um inferno infinito, para o qual ninguém é bastante perverso, confinando a evolução humana a um insignificante fragmento da existência, prendendo um futuro eterno ao conteúdo de uns poucos anos, e tornando a vida um ininteligível emaranhado de injustiças e parcialidades, de genialidade não conquistada e de criminalidade não merecida. Um problema intolerável para os que raciocinam, e tolerável apenas para a fé cega e sem fundamento.

A Reencarnação e Sua Necessidade

Há apenas três explicações para as desigualdades humanas, sejam de capacidade, de oportunidade ou de circunstância. 1: Criação especial por Deus, implicando que o homem é indefeso, seu destino sendo controlado por uma vontade arbitrária e incalculável. 2: Hereditariedade, conforme sugere a ciência, implicando igual impotência por parte do homem, sendo ele o resultado de um passado sobre o qual não teve controle. 3: Reencarnação, implicando que o homem pode tornar-se senhor do seu destino, o resultado do seu próprio passado individual, sendo, assim, o que fez de si mesmo. A criação especial é rejeitada por todos os que raciocinam, como explicação para as condições que nos rodeiam, a não ser na mais importante de todas elas, o caráter com o qual e o ambiente ao qual nasce uma criança. A evolução é tida como certa em tudo, menos na vida da inteligência espiritual chamada homem. Ele não tem passado individual, embora tenha um futuro individual infinito. O caráter que traz com ele — e do qual, mais do que qualquer outra coisa, depende o seu destino na Terra — é, segundo essa hipótese, especialmente criado para ele por Deus, e é imposto a ele sem qualquer escolha de sua parte, destino saído da sacola da sorte da criação, da qual ele pode retirar um prêmio ou um bilhete em branco, sendo este último a condenação ao infortúnio. Do jeito que for, ele deve aceitá-lo.

Se da sacola ele retirar uma boa disposição, ótima capacidade, uma natureza nobre, tanto melhor: ele nada fez para merecê-lo. Se tirar uma criminalidade congênita, uma idiotia congênita, uma moléstia congênita ou um alcoolismo congênito, tanto pior para ele: ele nada fez para merecê-lo. Se a eterna bem-aventurança está anexada a um e o tormento eterno a outro, o desafortunado deve aceitar sua má sorte como puder. O poder do oleiro não é maior do que o da argila? Isso pareceria triste, se a argila pudesse sentir.

Sob outro aspecto, a criação especial é grotesca. Um espírito é criado especialmente para um pequeno corpo que morre poucas horas depois de ter nascido. Se a vida na Terra tem algum valor educativo ou experimental, esse espírito será, para sempre, o mais pobre, ao perder a vida, e a oportunidade perdida jamais poderá ser recuperada. Se, por outro lado, a vida humana na Terra não é essencialmente importante e leva com ela a certeza de muitas ações más e de sofrimento, e a possibilidade de sofrimento eterno ao seu final, o espírito que vem para um corpo que dura até a velhice mal pode tratar dele, pois deve suportar muitas doenças que o outro pode evitar, sem qualquer vantagem equivalente. E pode ser condenado para sempre.

A lista das injustiças induzidas pela idéia da criação especial poderia ser ampliada ao infinito, porque tal idéia inclui todas as desigualdades. Ela faz miríades de ateus, que a consideram incrível para a inteligência e revoltante para a consciência. Ela coloca o homem na posição de inexorável credor de Deus, perguntando, estridentemente: "Por que me fizeste assim?"

A glória da humanidade, do ponto de vista científico, parece estar fora da lei da causação. A ciência não nos diz como construir mentes robustas e corações puros para o futuro. Ela não nos ameaça com uma vontade arbitrária, mas deixa-nos sem explicação sobre as desigualdades humanas. Dizem que os ébrios legam a seus filhos corpos propensos à doença, mas não explicam por que algumas infelizes crianças são os recipientes de herança tão hedionda.

A Reencarnação devolve a justiça a Deus e poder ao homem. Todo espírito humano entra na vida humana como um gérmen, sem conhecimento, sem consciência, sem discernimento. Pela experiência, agradável ou dolorosa, o homem reúne material, como foi explicado antes, e o erige em faculdades mentais e morais. Assim, o caráter com que nasceu foi feito por ele, e marca o estágio que ele alcançou em sua longa evolução. A boa disposição, as excelentes possibilidades, a natureza nobre são o espólio de muitos e duros campos de batalha, são o salário de pesados e duros labores. O reverso indica um estágio mais recente de crescimento, o pequeno desenvolvimento do gérmen espiritual.

Todos caminham por uma estrada igual, todos estão destinados a alcançar a máxima perfeição humana. A dor é conseqüência dos erros e é sempre reparadora. A força se desenvolve na luta; colhemos, após cada semeadura, o resultado inevitável — a felicidade, que vem do que é correto, e o sofrimento, que vem do que é errado. Um bebê que morre logo depois de nascido paga com a morte um débito, uma dívida do passado, e retorna rapidamente à Terra, retido por breve espaço de tempo, livrando-se da sua dívida, para reunir a experiência necessária ao seu crescimento. As virtudes sociais, embora colocando o homem em desvantagem na luta pela existência, levando mesmo, talvez, ao sacrifício da sua vida física, constroem um nobre caráter para as suas vidas futuras, modelando-o para se tornar um servidor da nação.

O gênio chega a ser inerente ao indivíduo como resultado de muitas vidas de esforço, e a esterilidade do corpo que ele usa não roubará ao futuro os seus serviços, porque ele retorna maior a cada novo nascimento. O corpo envenenado pelo alcoolismo de um pai é usado por um espírito que aprende, com a lição do sofrimento, a guiar sua vida terrena sobre linhas melhores do que as que seguiu no passado.

Assim, em cada caso, o passado individual explica o presente de cada um, e quando as leis do desenvolvimento forem conhecidas e obedecidas, um homem poderá construir com mãos seguras seu destino futuro, modelando seu desenvolvimento em linhas de beleza sempre crescente, até que atinja a estatura do Homem Perfeito.

Por que Nossas Vidas Passadas São Esquecidas

Não há pergunta que se ouça com mais freqüência, quando se fala em Reencarnação, do que esta: "Se estivemos aqui antes, por que não nos lembramos disso?" Uma pequena consideração dos fatos responderá a essa pergunta.

Antes de mais nada, notemos o fato de que esquecemos mais sobre a nossa vida presente do que lembramos. Muitas pessoas não são capazes de lembrar como aprenderam a ler: contudo, o fato de lerem, prova esse aprendizado. Incidentes da infância apagaram-se da memória, mas deixaram traços em nossa personalidade. Uma queda, na primeira infância, é esquecida, mas nem por isso a vítima deixa de ser um aleijado, embora usando o mesmo corpo no qual os acontecimentos esquecidos se passaram.

Esses acontecimentos, entretanto, não são totalmente perdidos para nós. Se uma pessoa cair em transe mesmérico, eles podem ser tirados do fundo da memória. Submergiram, mas não foram destruídos. Doentes tomados pela febre, é sabido, usam no delírio uma língua conhecida na infância e esquecida na maturidade. Muito da nossa subconsciência consiste nessas experiências submersas, memórias atiradas a um segundo plano, mas recuperáveis.

Se isso acontece com experiências ocorridas no corpo atual, não deve o fato ser muito mais verdadeiro com experiências ocorridas em corpos passados, corpos que morreram e se desintegraram há muitos séculos? Nosso corpo e nosso cérebro atual não compartilharam esses eventos pretéritos. Como poderia a memória afirmar-se através deles? Nosso corpo permanente, o que fica conosco através do ciclo de reencarnações, é o corpo espiritual. Os nossos revestimentos inferiores tombam e retornam aos seus elementos, antes que sejamos reencarnados.

A nova matéria mental, astral e física, da qual somos revestidos para uma nova vida na Terra, recebe da inteligência espiritual, expressa apenas no corpo espiritual, não as experiências do passado, mas as qualidades, tendências e possibilidades que se formaram a partir dessas experiências. Nossa consciência, nossa resposta instintiva aos apelos emocionais e intelectuais, ou o reconhecimento da força de um argumento lógico, nossa aprovação dos princípios fundamentais do certo e do errado são traços de nossas experiências anteriores. Um homem de tipo intelectual inferior não pode "ver" uma prova lógica ou matemática; um homem de tipo inferior, quanto à moral, não pode "sentir" a força impulsionadora de um ideal moral elevado.

Quando uma filosofia ou uma ciência são rapidamente apreendidas e aplicadas, quando uma arte é dominada sem estudo, aí está a força da memória, embora os fatos passados do aprendizado tenham sido esquecidos. Conforme disse Platão, trata-se de uma reminiscência. Quando, ao primeiro encontro, nos sentimos íntimos de uma pessoa estranha, aí está a memória, o reconhecimento, pelo espírito, de um amigo de tempos passados; quando recuamos, com forte repulsa, diante de outro estranho, a memória também está aí, no reconhecimento, pelo espírito, de um antigo inimigo.

Essas afinidades, esses avisos, vêm da imperecível inteligência espiritual, que é o nosso ser; nós nos lembramos, embora, trabalhando com o cérebro, não possamos fixar nele a nossa lembrança. O corpo mental e o cérebro são novos; o espírito fornece à mente os resultados, sem a lembrança dos acontecimentos a ele referentes. Tal como um negociante que, ao fechar o "razão" do ano e ao abrir um novo livro, não anota todos os itens do antigo e, sim, somente os seus balanços, o espírito entrega ao novo cérebro seus julgamentos e experiências de uma vida que foi encerrada, as conclusões que obteve, as decisões a que chegou. Trata-se de um suprimento novo entregue à nova vida, o fornecimento mental para a nova morada — uma verdadeira memória.

Rica e variada é essa memória no homem altamente desenvolvido. A comparar-se com a daquele que possui uma alma jovem, o valor dessa memória de um longo passado faz-se patente. Não há cérebro capaz de armazenar a memória dos acontecimentos de numerosas vidas; quando elas se concretizam em julgamentos mentais e morais, estão prontas para serem usadas. Centenas de assassinos foram levados à decisão que diz: "Não devo matar!" A lembrança de cada assassinato seria uma carga inútil, mas o julgamento baseado em seus resultados, o instinto de santidade da vida humana, é a verdadeira memória deles, no homem civilizado.

Às vezes, contudo, verifica-se a lembrança de acontecimentos passados. Crianças têm, ocasionalmente, relances de sua vida pretérita, evocados por algum evento do presente. Um menino inglês, que havia sido escultor, recordou isso quando viu algumas estátuas pela primeira vez. Uma criança hindu reconheceu o arroio no qual se afogara, quando pequenina, na vida precedente, e reconheceu, igualmente, a mãe daquele pequenino que se fora. Muitos casos têm sido registrados de tais lembranças de acontecimentos passados.

Ademais, essa lembrança pode ser conquistada. Entretanto, é uma conquista que depende de esforço muito forte, de prolongada meditação, quando a mente inquieta, sempre se atirando para a frente, pode ser controlada e aquietada, de forma a se fazer sensitiva e sensível ao Espírito, e receber dele a lembrança do passado. Só quando somos capazes de ouvir a pequena voz do Espírito é que a história do passado pode desdobrar-se, porque só o Espírito pode recordar e lançar os raios da sua memória para iluminar a escuridão da efêmera natureza inferior à qual está ligado temporariamente.

Nessas condições, a memória é possível, vínculos do passado são vistos, velhos amigos são reconhecidos, antigas cenas são evocadas e uma força calma e sutil cresce, a partir da virtual experiência da imortalidade. Os transtornos presentes tornam-se leves quando vistos em suas verdadeiras proporções como acontecimentos comuns e transitórios de uma vida infinita. As alegrias presentes perdem suas cores brilhantes quando vistas como repetições de deleites passados, e ambas essas coisas são aceitas, igualmente, como experiências úteis, enriquecedoras da mente e do coração, que contribuem para o desenvolvimento da vida em expansão.

Contudo, só quando o prazer e a dor forem vistos à luz da eternidade é que o conjunto de memórias do passado poderá ser enfrentado com segurança. Quando encaradas dessa maneira, essas memórias acalmam as emoções do presente, e aquilo que de outra forma teria sido esmagador torna-se um apoio e um consolo.

Goethe regozijava-se com a idéia de que, em seu retorno à vida terrena, estaria inteiramente lavado de suas lembranças, e homens menos importantes podem ficar satisfeitos com a sabedoria que faz com que cada vida tenha início dessa maneira, enriquecida pelos resultados, mas sem carregar o peso de recordações do seu passado.

VII

O ENIGMA DO AMOR E DO ÓDIO

Entre nós, a grande maioria das pessoas tem uma vida que apresenta uma série de embaraços e de quebra-cabeças que não pode resolver. Por que as pessoas nascem tão diferentes em capacidade mental e moral? Por que uma criança tem um cérebro que denota grande poder intelectual e moral, enquanto outra tem um cérebro que a torna marcada para ser um idiota ou um criminoso? Por que uma criança tem pais bons e amorosos, bem como circunstâncias favoráveis, enquanto outra tem pais desregrados, que a detestam, e é criada em ambiente dos mais abomináveis? Por que uma dessas crianças é feliz e a outra é desafortunada? Por que uma delas morre velha e a outra morre jovem? Por que uma pessoa é impedida, por "incidente", de tomar um navio ou um trem que sofrerá um desastre, enquanto dezenas ou centenas de outras perecem sem socorro? Por que gostamos de uma pessoa no momento em que a vemos, enquanto, com a mesma rapidez, não gostamos de outra? Perguntas como essas são feitas continuamente, e também, continuamente, não têm respostas, embora essas respostas estejam ao nosso alcance. Porque essas incongruências aparentes, essas injustiças, esses acontecimentos, que vemos como fortuitos, são apenas os resultados do trabalho de algumas leis naturais, simples e fundamentais. A compreensão dessas leis subjacentes torna a vida inteligível, restaurando, portanto, a nossa confiança na ordem divina e dotando-nos de força e coragem para enfrentar as vicissitudes da sorte. Transtornos que sobre nós caem, como "flechas lançadas do céu", são duros de suportar, mas transtornos surgidos de causas, isso, podemos entender e, conseqüentemente, controlar e enfrentar com paciência e resignação.

O primeiro princípio que devemos assimilar com firmeza, a fim de podermos aplicá-lo para resolver os problemas da vida, é o da Reencarnação. O homem é, essencialmente, um Espírito, um indivíduo vivo e autoconsciente, consistindo essa vida autoconsciente em um corpo de matéria muito sutil. A vida não pode agir sem uma espécie qualquer de corpo, isto é, sem uma forma de matéria, por muito fina e sutil que essa matéria possa ser, que lhe dá existência separada neste Universo. Portanto, o corpo muitas vezes é mencionado como veículo que carrega a vida, fazendo-a individual. Esse Espírito, ao vir para o mundo físico, reveste-se de um corpo físico, como um homem veste o casaco e põe o chapéu para sair de sua própria casa. Mas o corpo físico não é o homem, tal como o casaco e o chapéu não são o corpo que os usa. Assim como um homem descarta roupas antigas e passa a usar novas, o Espírito descarta um corpo usado e reveste-se de outro (*Bhagavad-Gîtâ*) . Quando o corpo físico está por demais usado, o homem passa pelos portões da morte, deixando as vestes físicas e entrando no mundo "invisível". Depois de um longo período de repouso e de refrigério, durante o qual as experiências da vida terrena anterior são assimiladas, aumentando, assim, os poderes do homem, ele retorna ao mundo físico através dos portões do renascimento e toma um novo corpo físico, adaptado para a expressão de sua capacidade aumentada. Quando, há milênios, Espíritos que deviam fazer-se humanos vieram para o mundo, não passavam de embriões, como sementes, nada sabendo do bem nem do mal, com infinitas possibilidades de desenvolvimento — pois que eram rebentos de Deus — mas sem qualquer poder real, a não ser o de vibrar fracamente aos estímulos externos. Todos os poderes latentes que viviam dentro dele tiveram de ser despertados para a manifestação ativa, através de experiências obtidas no mundo físico. Pelo prazer e pela dor, pela alegria e pelo sofrimento, pelo sucesso e pelo fracasso, pelo gozo e pelo desapontamento, pelas sucessivas escolhas, bem ou mal feitas, o Espírito aprende suas lições e suas leis, que não podem ser rompidas, e manifesta, lentamente, uma a uma, suas possibilidades mentais e sua vida moral. Depois de cada breve mergulho no oceano da vida física — esse período geralmente conhecido como "a vida" —, ele retorna ao mundo invisível carregado das experiências que reuniu, tal como o mergulhador sai do mar com as pérolas que arrancou dos bancos de ostras. Nesse mundo invisível, ele transforma em poderes morais e mentais o que reuniu na vida que terminou, transformando aspirações em capacidade de obter, mudando os resultados de esforços que falharam em forças para futuros sucessos, mudando as lições dos erros em repulsa pelas ações erradas e a soma de experiências em sabedoria. Como bem escreveu Edward Carpenter: "Todas as dores que sofri num corpo se transformaram em poderes que exerci no seguinte."

Quando tudo quanto se recolheu é assimilado — a extensão da vida celeste depende da quantidade de material moral e mental coletado —, o homem retorna à Terra. Em condições que logo serão explicadas, ele é guiado para a raça, a nação, a família que lhe deve dar o seu próximo corpo físico, e esse corpo é moldado de acordo com as suas necessidades, de forma a servir como instrumento feito para as suas possibilidades ou como limitação que expresse a sua deficiência. Em seu novo corpo físico, e na vida do mundo invisível que se segue ao descartar dele pela morte, que o destrói, ele retoma, em nível mais alto, um ciclo semelhante, e assim repetidamente, durante centenas de vidas, até que todas as suas possibilidades como ser humano se tenham tornado poderes ativos e ele tenha aprendido todas as lições que a vida humana pode ensinar. Assim, o Espírito se desenvolve da infância para a juventude, da juventude para a maturidade, tornando-se uma vida individualizada de força imortal e de ilimitada utilidade para o serviço divino. Os espíritos lutadores e expandidos de uma humanidade tornam-se os guardiães da próxima humanidade, as Inteligências espirituais que guiam a evolução dos mundos posteriores ao seu próprio tempo. Somos protegidos, ajudados e instruídos por Inteligências espirituais que foram homens em mundos mais velhos do que o nosso, bem como pelos homens mais desenvolvidos da nossa própria humanidade. Pagaremos nossa dívida protegendo, ajudando e ensinando raças humanas em mundos que agora estão nos primeiros estágios do seu desenvolvimento, preparando-se para se tornar, depois de incontáveis eras, as moradas dos homens futuros. Se encontramos, em torno de nós, muita gente ignorante, estúpida, e mesmo brutal, limitada tanto nos poderes mentais como morais, é porque se trata de homens mais jovens do que nós, irmãos mais jovens, daí a razão para que seus erros devam ser tratados com amor e assistência, em lugar de amargura e ódio. Tais como são, fomos nós no passado; tais como somos, serão eles no futuro, e tanto eles como nós seguiremos adiante, sempre adiante, através de intermináveis idades.

Este, então, é o princípio fundamental que torna a vida inteligível, quando aplicado às condições do presente; a partir disso, entretanto, só posso completar aqui, com detalhes, a resposta a uma das perguntas feita acima, isto é, por que gostamos de uma pessoa e sentimos aversão por outra, logo à primeira vista; mas todas as outras perguntas serão respondidas da mesma forma. Para respostas completas, entretanto, temos de entender o princípio gêmeo da Reencarnação — o do Karma ou Lei da Causação.

Podemos fazer isso em palavras que são conhecidas de todos: "O que o homem semeia, isso ele colherá." Ampliando esse curto axioma, compreendemos, com ele, que o homem forma o seu próprio caráter, tornando-se aquilo que ele pensa, e que ele produz as circunstâncias de sua vida futura pelos efeitos de suas ações sobre os outros. Assim, se eu penso com nobreza, irei aos poucos me tornando uma personalidade nobre, mas, se penso com baixeza, uma personalidade baixa será formada. "O homem é criado pelo pensamento; o que ele pensa durante uma vida, ele se torna na outra" — diz uma escritura hindu. Se a mente lida continuamente com uma sucessão de pensamentos, forma-se um canal, para o qual as forças do pensamento correm automaticamente, e esse hábito de pensamento sobrevive à morte, e, como pertence ao Ego, é levado para a vida subseqüente na Terra, como capacidade e tendência de pensamento. O estudo habitual de problemas abstratos, para dar um exemplo bem claro, resultará, em outra vida terrena, numa capacidade bem desenvolvida para o pensamento abstrato; enquanto pensamentos volúveis, irrefletidos, voando de um assunto para outro, irão resultar numa mente inquieta, mal-regulada, para o próximo nascimento no mundo. A egoística cobiça pelas posses de outros, embora jamais levada à trapaça ativa no presente, faz o ladrão de uma vida terrena posterior, enquanto o ódio e o desejo de vingança, secretamente mantidos, são as sementes das quais brotam os assassinos. Assim, repetimos, o amor sem egoísmo produz como colheita o filantropo e o santo, e cada pensamento de compaixão ajuda a construir a natureza terna e piedosa própria de quem é "amigo de todas as criaturas". O conhecimento dessa lei de imutável justiça, de exata resposta da Natureza a cada demanda, capacita o homem para construir a própria personalidade com toda a certeza da ciência, e a olhar para o futuro com corajosa paciência, divisando o nobre tipo que aos poucos, e com segurança, está desenvolvendo.

Os efeitos das nossas ações sobre os outros modelam as circunstâncias exteriores de uma vida terrena subseqüente. Se tivermos sido causa de ampla felicidade, nasceremos em ambiente físico muito favorável ou iremos encontrá-lo durante a vida, enquanto a causa de ampla miséria resulta em ambiente infeliz. Nós nos relacionamos com as outras pessoas tendo contato com elas individualmente, e são forjados laços pelos benefícios e pelos prejuízos, os laços de ouro do amor ou as cadeias de ferro do ódio. Isso é Karma. Com essas idéias complementares mantidas com clareza em nossa mente, podemos responder com muita facilidade à nossa pergunta.

Os laços entre Egos, entre Espíritos individualizados, não podem ser antecipados quanto à primeira separação desses Espíritos em relação ao Logos, tal como as gotas não podem ser separadas do oceano. Nos reinos mineral e vegetal, a vida que se expressa em pedras e plantas ainda não evoluiu para uma existência continuamente individualizada. O termo "alma grupal" tem sido usado para expressar a idéia dessa vida em evolução, quando anima uma quantidade de organismos físicos semelhantes. Assim, toda a ordem, de plantas, digamos, como forrageiras, umbelíferas ou rosáceas, é animada por uma só alma grupal, que evolui em virtude de simples experiências reunidas através de suas incontáveis incorporações físicas. As experiências de cada planta fluem para a vida que atinge toda a sua ordem, e ajudam e apressam a sua evolução. Quando as incorporações físicas se tornam mais complexas, subdivisões instalam-se na alma grupal, e cada subdivisão, lenta e gradualmente, se separa; o número de incorporações pertence a cada subgrupo assim formado e diminui à proporção que essas subdivisões aumentam. No reino animal, esse processo de especialização das almas grupais continua, e nos mamíferos superiores um grupo relativamente pequeno de criaturas é animado por uma única alma grupal, porque a Natureza está trabalhando para a individualização. As experiências reunidas em cada um deles são preservadas na alma grupal, e dali afetam cada animal recém-nascido que a ela está ligado. Isso aparece no que chamamos instintos e é encontrado em recém-nascidos. Assim, é o instinto que leva um pinto malsaído da casca a correr à procura de proteção contra o perigo sob a asa aquecida da galinha e impele o castor a construir sua represa. As experiências acumuladas de suas espécies, preservadas na alma grupal, chegam a cada membro do grupo. Quando o reino animal alcança suas mais altas expressões, as subdivisões finais da alma grupal animam apenas uma criatura isoladamente, até que, por fim, a vida divina se derrame nesse veículo, agora pronto para recebê-la, dando nascimento ao Ego humano e dando início à evolução da inteligência autoconsciente.

A partir do momento em que uma vida separada anima um corpo isolado, pode-se estabelecer o vínculo com outras vidas separadas, cada uma igualmente habitando um tabernáculo de carne isolado. Os Egos, habitando corpos físicos, entram em contato uns com os outros; talvez uma simples atração física reúna dois Egos que habitam, respectivamente, corpos masculinos e femininos. Eles vivem juntos, têm interesses comuns e assim o vínculo se estabelece. Se é possível usar esta expressão, eles contraem dívidas um com o outro, e na Natureza não há tribunais para falências, tribunais onde esses compromissos possam ser cancelados. A morte fere um corpo, depois o outro e os dois passam para o mundo invisível; porém, as dívidas contraídas no plano físico têm de ser resgatadas no mundo a que pertencem, e aqueles dois têm de se encontrar novamente na vida terrena, e renovar a ligação que foi rompida. As grandes Inteligências que administram a lei do Karma guiam os dois para o renascimento no mesmo período de tempo, de forma que suas existências terrenas possam sobrepor-se e, na devida ocasião, eles se encontram. Se o débito contraído foi um débito de amor e de serviço mútuo, eles irão sentir-se atraídos um pelo outro; os Egos se reconhecem, como dois amigos se reconhecem, embora estejam usando roupas novas, e apertam-se as mãos, não como estranhos, mas como amigos. Se o débito foi de ódio e de injúrias, eles se evitam com uma sensação de repulsa, cada qual reconhecendo um antigo inimigo, olhando-se ambos através do abismo dos males feitos e recebidos. Casos desse tipo devem ser conhecidos de todos os leitores, embora a causa subjacente não tenha sido reconhecida. Na verdade, essas simpatias e antipatias súbitas têm sido consideradas, levianamente, como "infundadas", como se, num mundo que obedece a uma lei, algo pudesse existir sem uma causa. Isso não quer dizer que Egos assim ligados venham a renovar esse vínculo com o exato relacionamento rompido aqui pela mão da morte. O marido e a esposa de uma vida terrena podem nascer na mesma família, como irmão e irmã, como pai e filho, como pai e filha ou com qualquer outro relacionamento de sangue. Ou podem nascer como estranhos, e se encontrarem pela primeira vez na juventude ou na maturidade, sentindo um pelo outro uma dominadora atração.

Em quão pouco tempo nos relacionamos intimamente com aquele que era um estranho, enquanto vivemos anos ao lado de outros, dos quais permanecemos alheados em nosso coração! De onde vêm essas afinidades, se não são recordações, nos Egos, de amores do seu passado? "Sinto como se tivesse conhecido você toda a minha vida" — dizemos a um amigo de poucas semanas, enquanto outros, que conhecemos durante toda a nossa vida, são para nós como livros fechados. Os Egos se conhecem, embora os corpos sejam estranhos, e os velhos amigos apertam-se as mãos com perfeita confiança e entendimento de parte a parte. E isso se dá, embora os cérebros físicos ainda não tenham aprendido a receber aquelas impressões da memória que existe nos corpos sutis, mas que são finas demais para causar vibrações na matéria grosseira do cérebro e, assim, despertar frêmitos de consciência perceptíveis no corpo físico.

Às vezes, o vínculo, sendo de ódio e de malquerência, reúne antigos inimigos na mesma família, para redimir pelo sofrimento os maus resultados de um passado comum. Terríveis tragédias familiares têm suas raízes profundas no passado, e muitos dos fatos temíveis, como a tortura de crianças indefesas, mesmo pelas próprias mães, a maligna ferocidade que inflige dor a fim de gozar com o espetáculo da agonia — tudo se torna inteligível quando sabemos que a alma daquele corpo jovem infligiu, no passado, algum horror sobre o que agora o atormenta, e está aprendendo, através dessa terrível experiência, como são duros os sistemas errados.

Na mente de alguns pode surgir a pergunta: "Se isso é verdade, devemos salvar a criança?" Seguramente, sim, devemos. É nosso dever suavizar o sofrimento, onde quer que o encontremos, felizes por ter a Boa Lei nos escolhido para seus distribuidores de misericórdia.

Outra pergunta pode ser feita: "Como podem ser rompidos esses vínculos do Mal? A tortura infligida não formará novos vínculos, pelos quais os pais cruéis virão a ser vítimas, e a criança torturada se faça o opressor?" "O ódio, em tempo algum, cessa pelo ódio" cita o Senhor Buda, conhecedor da Lei. Mas murmura o segredo da liberação quando continua: "O ódio cessa pelo amor." Quando o Ego que pagou sua dívida do passado, sofrendo o mal que causou, for bastante sensato, corajoso e grande para dizer, entre a agonia do corpo e da mente: "Eu perdôo" — então ele cancela o débito que pode ter imposto ao seu antigo inimigo, e o vínculo forjado pelo ódio dissolve-se para sempre no fogo do amor.

Os vínculos do amor se fortalecem em cada vida terrena sucessiva, na qual os que assim se vincularam apertam-se as mãos e têm o acréscimo da vantagem de se tornarem mais fortes durante a vida no céu, para onde os vínculos do ódio não podem ser levados. Egos que têm dívidas de ódio entre si não se relacionam um com o outro no plano celeste, mas cada qual faz todo o bem que tiver em si, sem entrar em contato com o seu desafeto.

Quando o Ego consegue imprimir no cérebro de seu corpo físico sua própria lembrança do passado, então essas lembranças levam os Egos a se fazerem ainda mais próximos, e o laço ganha um sentido de segurança e de força como vínculo algum de uma só vida pode dar. Muito profunda e feliz é a confiança desses Egos, que sabem, por experiência própria, que o amor não morre.

Essa é a explicação das afinidades e repulsas, vistas à luz da Reencarnação e do Karma.

VIII

KARMA: A LEI DE AÇÃO E REAÇÃO

A palavra "Karma" significa, simplesmente, Ação. A conotação da palavra, entretanto, é de longo alcance, porque está muito mais ligada a uma ação que se realiza do que as pessoas comuns podem imaginar. Cada ação tem um passado que a leva a existir e tem um futuro que nela tem sua origem. Uma ação implica o desejo que a sugeriu e o pensamento que a delineou, bem como um movimento visível, que chamamos de "ato" e que habitualmente está ligado a ela. Cada ato é o elo de uma cadeia infinita de causas e efeitos, cada efeito tornando-se uma causa, e cada causa tendo sido um efeito. Cada elo dessa cadeia infinita está soldado a três componentes: desejo, pensamento e atividade. Um desejo estimula o pensamento, um pensamento incorpora-se num ato. Às vezes é um pensamento, na forma de lembrança, que desperta o desejo, e o desejo se transforma em ação. Mas os três componentes — dois invisíveis e um visível, os dois primeiros pertencendo à consciência e o último ao corpo — ali estão. Para falar com perfeita clareza, o ato também está na consciência como uma imagem, antes de ser concretizado como movimento físico. O Desejo – ou Vontade –, o Pensamento e a Atividade são as três formas de consciência.

Essa relação do desejo, do pensamento e da atividade como "Ação", e a infinita interligação dessas ações como causas e efeitos, estão todas incluídas na palavra Karma. Trata-se de uma sucessão que a natureza reconhece, isto é, trata-se de uma Lei. Assim, em nosso idioma, podemos chamar o Karma de "Causação" ou Lei da Causação. Sua definição específica é: "A Ação e a Reação são iguais e opostas." Sua definição religiosa não pode ser mais bem exposta do que no conhecido versículo da Escritura Cristã: "Aquilo que o homem semeia, isso ele colherá." Às vezes ela é chamada de Lei do Equilíbrio porque, onde quer que o equilíbrio seja perturbado, há uma tendência da Natureza para restaurar a condição de equilíbrio.

O Karma é, assim, a expressão da Natureza Divina em seu aspecto de Lei. Está escrito: "Em quem não há variabilidade, nem sombra de alteração." A inviolabilidade da ordem natural, a exatidão da ordem natural, a absoluta autenticidade da Natureza – são os fortes fundamentos do Universo. Sem elas não poderia haver ciência, nem certeza, nem raciocínio vindo do passado, nem prognóstico para o futuro. A experiência humana se tornaria inútil, e a vida seria algo irracionalmente caótico.

O que o homem semeia, isso ele colherá. Isso é Karma. Se ele quiser arroz, deve semear arroz. É inútil plantar vinhas e esperar rosas; é ocioso plantar cardos e aguardar trigo. No mundo moral, como no mental, a

Lei é igualmente imutável; inútil será semear ociosidade e esperar uma colheita de conhecimentos; semear negligência e esperar discernimento; semear egoísmo e aguardar amor; semear medo e esperar coragem. Esse ensinamento, verdadeiro e sadio, leva o homem a estudar as causas que está criando com seus desejos diários, com seus pensamentos e ações, e a compreender qual será a sua inevitável colheita. Esse ensinamento leva-o a abrir mão de todas as enganosas idéias de "perdão", de "expiação através de um substituto", de "misericórdia divina", e do resto dos opiatos que a superstição oferece ao pecador. Com a força de um toque de clarim, esse ensinamento brada a todos os que procuram drogar-se para se sentirem em paz: "Não se enganem. Deus não se deixa iludir: *o que quer que* um homem semeie, *isso* ele colherá."

Esse é o lado de advertência da lei, mas notem o seu lado de encorajamento. Se há uma lei no mundo mental, como no moral, nós podemos construir o nosso caráter. O pensamento produz qualidade e a qualidade produz o caráter. "Tal como um homem pensa, ele é." "O homem é criado pelo pensamento; o homem torna-se naquilo que pensa." Se pensamos em coragem, colocaremos coragem em nosso caráter. O mesmo quanto a pureza, paciência, altruísmo e autocontrole. O pensamento firme, perseverante, estabelece um hábito definido na mente, e esse hábito se manifesta como uma qualidade do caráter. Podemos construir o nosso caráter, a nossa personalidade, com tanta certeza como o pedreiro pode construir uma parede, se trabalharmos com a Lei e através da Lei. O caráter é o fator mais poderoso no nosso destino, e construindo um caráter nobre podemos garantir um destino útil para prestar serviço à humanidade. Assim como sofremos pela Lei, nós triunfamos pela Lei. A ignorância da Lei é que nos deixa como um barco sem leme, à deriva. O seu conhecimento nos fornece o leme com o qual podemos guiar o nosso barco sempre que quisermos.

IX

OS TRÊS FIOS DO CORDEL DO DESTINO

Para os gregos, havia três Fados que teciam o cordel da vida. Para aquele que conhece a Sabedoria, há também três Fados, cada um deles tecendo um fio, sendo os três fios que eles tecem retorcidos em um, formando a resistente corda do Destino, que prende ou solta a vida do homem sobre a Terra. Esses três Fados não são as mulheres, as Parcas, da lenda grega, e sim as três forças da Consciência humana: o Poder da Vontade, o Poder do Pensamento e o Poder da Ação. São esses os Fados que torcem os fios do destino humano, e eles estão dentro do homem, e não fora. O destino do homem é autoconstruído; não é imposto arbitrariamente do exterior; seus próprios poderes, encequecidos pela ignorância, torcem a corda que os entrava, e seus próprios poderes, dirigidos pelo conhecimento, liberam seus membros dos grilhões autocompostos e deixam-no livre da escravização.

O mais importante desses três Poderes é o Poder de pensar; *homem* quer dizer pensador; é uma raiz sânscrita, e dela deriva-se o inglês *man,* idêntico à raiz sânscrita, o alemão *Mann,* o francês *homme,* o italiano *uomo,* o português *homem,* etc. O cordel do pensamento é tecido de qualidades morais e mentais, e essas qualidades formam, na sua totalidade, o que chamamos de caráter. Essa conexão de pensamento e caráter é reconhecida nas escrituras de todos os povos. Na Bíblia lemos: "Tal como o homem pensa, assim ele é." Essa é a Lei geral. Mais particularmente: "O que olhar para uma mulher com lascívia já *cometeu adultério* com ela em seu coração." Ou: "O que odeia a seu irmão é um assassino." Dentro desse mesmo espírito, declara uma escritura hindu: "O homem é criado pelo pensamento; naquilo que um homem pensa, ele se torna." Ou: "Um homem consiste em sua crença; o que ele crê ele é." O *rationale,* nesses fatos, é que quando a mente está voltada para um pensamento específico e demora-se nele, instala-se uma vibração definida da matéria e, quanto maior for a freqüência dessa vibração, mais ela tende a repetir-se, a se tornar um hábito, a se fazer automática. O corpo segue a mente e imita as suas mudanças; se concentramos nosso pensamento, os olhos tornam-se fixos, os músculos tensos; um esforço para recordar é acompanhado pelo franzir da testa; os olhos movem-se de cá para lá, quando procuramos recuperar uma expressão perdida; ansiedade, amor, cólera, impaciência, todos têm o seu acompanhamento apropriado. A sensação que dá a um homem a tendência de atirar-se de uma altura é a tendência do corpo que representa o pensamento da queda. O primeiro passo para a criação deliberada do caráter está, portanto, na escolha deliberada do que pensaremos, e então no pensar persistentemente na qualidade escolhida. Não se passará muito tempo para surgir uma tendência que mostre essa qualidade. Em pouco tempo esse exercício se tornará um hábito. Entreteçamos o fio do pensamento em nosso destino, e chegaremos a ter um caráter inclinado a todas as finalidades nobres e úteis. Aquilo em que pensamos é aquilo em que nos tornamos. *O Pensamento faz o caráter.*

O Poder da vontade é o segundo Fado, e tece um fio forte para o cordão do destino. Mostra-se como desejo, desejo de possuir, que é amor, atração, em inúmeras formas; desejo de repelir, que é ódio, repulsa, afastando o que nos é indesejável. Tão verdadeiramente como o ímã atrai e prende o ferro, nosso desejo atrai para nós o que desejamos possuir e manter como nosso. O forte desejo de fortuna e de sucesso traz essas coisas ao nosso alcance; o que desejamos ter, firme e persistentemente, teremos, mais cedo ou mais tarde. Fantasias fugidias, indeterminadas, mutáveis, têm uma força de atração muito fraca, mas o homem de vontade firme obtém o que deseja. Esse fio da vontade traz-nos os objetos do desejo e a oportunidade de obtê-los. *A Vontade dá a oportunidade e atrai objetos.*

O terceiro fio é tecido pelo Poder de agir, e esse é o fio que traz para o nosso destino a direção da felicidade ou do sofrimento. Conforme agimos em relação aos que nos rodeiam, eles reagem em relação a nós. O homem que espalha felicidade em torno de si, sente a felicidade fluindo sobre ele próprio. Aquele que torna os outros infelizes, sente a reação da infelicidade sobre ele próprio. Sorrisos produzem sorrisos, carrancas produzem carrancas; a pessoa irritada desperta irritação em outras. A Lei do tecido desse fio é: *Nossas ações afetam os outros e causam reação de natureza semelhante em nós.*

Esses são os fios que fazem o destino, porque fazem o caráter, a oportunidade e o ambiente; eles não são cortados de todo pela morte, mas estendem-se para as outras vidas. O fio do pensamento nos dá o caráter com que viemos ao mundo; o fio da vontade dá ou retira oportunidades, faz-nos "com sorte" ou "sem sorte"; o fio da ação dá-nos condições físicas favoráveis ou desfavoráveis. Do que estamos semeando, colheremos; do que estamos tecendo, assim será, no futuro, o cordão do destino. O Homem é o Criador do seu Futuro; o Homem é o Construtor do seu Destino; o Homem é o seu próprio Fado.

X

O PODER DO PENSAMENTO E SEU USO

Uma das mais notáveis características dos dias atuais é o reconhecimento, em toda a parte, do Poder do pensamento, a crença de que o homem pode modelar o seu caráter, e, portanto, o seu destino, pelo exercício desse poder que faz dele um homem. Nesse ponto, as idéias modernas estão entrando na linha dos ensinamentos religiosos do passado. "O homem é criado pelo pensamento" – é o que está escrito numa escritura hindu. "O homem torna-se aquilo que ele pensa; portanto, pense no Eterno." "Tal como ele pensa em seu coração assim ele é", disse o sábio Rei de Israel, advertindo contra a associação com os homens maus. "Tudo o que somos foi feito pelos nossos pensamentos", disse Buda. O pensamento é o pai da ação; nossa natureza se dispõe a materializar aquilo que é gerado pelo pensamento. A psicologia moderna diz que o corpo tende a seguir o pensamento, e liga a inclinação de algumas pessoas para se atirarem de uma altura ao fato de a imaginação deles retratar uma queda, e o corpo agir de acordo com esse quadro.

Havendo, então, uma apreciação do Poder do Pensamento, torna-se momentoso saber como usar esse poder da forma mais elevada possível e causando o maior efeito possível. A melhor forma de fazer isso está na prática da meditação, e um dos métodos mais simples — que tem, ainda, a vantagem de seu valor poder ser comprovado pessoalmente pela pessoa que o usa — é o seguinte:

Examinando o seu caráter, busque determinar algum de seus defeitos evidentes. Depois, pergunte a si próprio qual é a qualidade oposta a esse defeito, a virtude que seja a sua antítese. Digamos que o leitor sofre de irritabilidade; escolha a paciência. Então, regularmente, a cada manhã, antes de sair para o mundo, sente-se durante três ou cinco minutos e pense na paciência — no seu valor, na sua beleza, na sua prática sob provocação, observando um ponto por dia, e outro, e outro, pensando o mais firmemente que puder, chamando de volta a mente quando ela divagar, e pense em si próprio como sendo perfeitamente paciente, termine com um voto: "Essa Paciência, que é o meu verdadeiro eu, sentirei e demonstrarei hoje."

Durante alguns dias, provavelmente, não haverá mudança perceptível, e o leitor irá se sentir e se mostrar irritado. Continue com firmeza, a cada manhã. Bem depressa, cada vez que você disser alguma coisa irritadamente, o pensamento, sem ser solicitado, virá como um relâmpago à sua mente: "Eu deveria ter tido paciência." Continue assim. Logo o pensamento de paciência surgirá *com* o impulso para a irritação, e a manifestação exterior será contida. Continue assim. O impulso para a irritação irá ficando cada vez mais fraco, até que você perceba que a irritabilidade desapareceu e que a paciência se transformou na sua atitude normal diante das contrariedades.

Aí, temos um experimento que qualquer pessoa pode tentar, comprovando a Lei por si mesma. Uma vez comprovada, ela pode usá-la, e construir virtude após virtude, de maneira igual, até criar um caráter ideal pelo Poder do Pensamento.

Outro uso para esse poder seria a ajuda a alguma boa causa, enviando-lhe bons pensamentos, ou a ajuda a um amigo que está enfrentando dificuldades, enviando-lhe pensamentos de conforto, ou a ajuda a um amigo que busca a verdade, enviando-lhe pensamentos claros e definidos das verdades que o leitor conhece. Você pode enviar para a atmosfera mental pensamentos que elevarão, purificarão, inspirarão todos os que forem sensíveis a eles, pensamentos de proteção, para ser o anjo-da-guarda das pessoas que você ama. O pensamento correto é uma bênção contínua que cada qual pode irradiar, como uma fonte que espalha águas refrescantes.

Não devemos esquecer o reverso desse belo quadro. O pensamento errado é tão veloz para o mal quanto o pensamento certo o é para o bem. O pensamento pode ferir assim como pode curar; pode levar angústia como pode levar conforto. Maus pensamentos atirados à atmosfera mental envenenam as mentes receptivas; pensamentos de cólera e vingança dão força aos golpes mortais; pensamentos que prejudicam outros ferem a língua do maldizente, dão asas a farpas atiradas injustamente. A mente ocupada pelos maus pensamentos atua como um ímã para atrair pensamentos iguais da parte de outros, intensificando assim o mal original. Pensar no mal está a um passo de fazer o mal, e uma imaginação poluída favorece a realização de suas próprias criações maléficas. "Tal como o homem pensa ele se torna" — é a Lei para os maus pensamentos, como para os bons. Além disso, acalentar um mau pensamento despe-o aos poucos da sua repulsividade e impele o pensador a realizar uma ação que o materializa.

Tal é a Lei do Pensamento, tal é o seu poder. "Se sabes essas coisas, feliz serás se as seguires."

XI

PASSOS NO CAMINHO

O curso normal da evolução humana leva o homem para o alto, estágio por estágio. Entretanto, uma distância imensa separa até os gênios e os santos do homem que "está no limiar da divindade" — e ainda mais daquele que cumpriu a ordem de Cristo: "Sede perfeitos, como Vosso Pai do Céu é perfeito." Há alguns passos que levam à subida para a Passagem, da qual está escrito: "Estreita é a porta e árduo o caminho que leva à vida, e poucos são os que o encontram." Quem são "os perfeitos", dos quais fala Paulo, o Apóstolo?

Na verdade, há passos que levam a esse Portal, e poucos são os que palmilham o seu caminho árduo. A Porta é a da Iniciação, o segundo nascimento, o batismo do Espírito Santo e do Fogo, o Caminho que leva ao conhecimento de Deus, que é a Vida do Eterno.

No mundo ocidental, os estágios, ou passos, foram chamados de Purgação, Iluminação, União; por esses estágios, o Místico — o que é levado à visão Beatífica pela devoção — designa o Caminho. No mundo oriental, o Ocultista — o Conhecedor ou Gnóstico — vê os passos de uma forma um tanto diferente, e divide o caminho em dois grandes estágios: o Probatório e o Caminho propriamente dito; o Probatório representa a Purgação do Místico, enquanto o Caminho propriamente dito é a Iluminação do Místico. Ele procura, ainda, desenvolver em si próprio, quando no Caminho Probatório, certas "qualificações" definidas, preparando-se para passar através do Portal que marca o fim do Caminho, enquanto no Caminho propriamente dito ele deve descartar por inteiro dez "grilhões" que o impedem de atingir a Libertação ou Salvação Final. E terá de passar através de quatro Portais ou Iniciações.

Cada uma das qualificações deve ser desenvolvida até certo ponto, embora não completamente, antes que o primeiro Portal possa ser cruzado. São os seguintes, esses Portais:

- *Discernimento*: o poder de distinguir entre o real e o irreal, entre o eterno e o transitório — a visão aguda que vê o que é Verdadeiro e reconhece o que é Falso sob todos os disfarces.

- *Imparcialidade* ou *Ausência de Desejo*: estar acima do desejo de possuir objetos que dão prazer ou afastar objetos que causam dor, pelo domínio absoluto da natureza inferior e pela transcendência da personalidade.

- *Os Seis Dons* ou *Boa Conduta*: controle da mente, controle do corpo — em palavras e em ações —, tolerância, resignação ou boa disposição, equilíbrio ou determinação, confiança.

- *Desejo de União* ou *Amor*: essas são as qualificações cujo desenvolvimento é a preparação para o primeiro Portal da Iniciação. Para obtê-las, o homem reveste-se de resolução, firma a mente na idéia de caminhar para a frente com rapidez, de forma a poder tornar-se um Auxiliar da Humanidade.

Logo que tiver adquirido o suficiente dessas qualificações para bater à Porta e vê-la aberta, ele está pronto a atravessar o limiar e a palmilhar o Caminho. Então ele é iniciado ou recebe o "segundo nascimento". Entre os hindus, ele é chamado de o Viandante (*Parivrajaka* ou *Sotapanna*) e, antes de chegar à segunda Iniciação, deve descartar por inteiro os obstáculos da: *Separatividade* — deve compreender que todas as personalidades são uma; da *Dúvida* — deve saber e não apenas acreditar nas grandes virtudes do Karma, da Reencarnação e da Perfeição a serem alcançadas palmilhando o Caminho; da *Superstição* — a dependência de ritos e cerimônias. Descartados por inteiro esses três grilhões, o Iniciado está pronto para o segundo Portal e torna-se o Construtor (*Kutichaka*), ou "o que retorna apenas uma vez" (*Sakadagamim*). Ele deve agora desenvolver os poderes dos corpos sutis, para ser útil nos três mundos, para estar preparado para o serviço. A passagem pelo terceiro Portal faz dele o Unido (*Hamsa*, "Eu sou Ele") ou "aquele que não retorna", a não ser com seu próprio consentimento (*Anagamim*). Para o quarto Portal ele deveria passar nessa mesma vida, e, para aquele que passou, o nascimento compulsório está terminado. Agora ele deve descartar os grilhões do *Desejo* — os desejos rarefeitos que talvez tenham ficado nele — e da *Repulsa* — nada deve ser repulsivo para ele, porque em tudo ele deve ver a Unidade. Isso feito, ele passa através do quarto Portal, e torna-se o superindivíduo

(*Paramahamsa*) ("além do eu") ou "o Venerável" (*Arhat*). Cinco são os tênues grilhões que ainda o prendem; contudo, é tão árduo partir sua complexa sutileza que sete vidas ainda são usadas, com freqüência, no caminhar pelo espaço que separa o Arhat do Mestre, do Livre, do Imortal. "Aquele que nada mais tem a aprender" neste sistema, mas pode saber o que desejar voltando sua atenção para o que quer saber. Os grilhões são: o desejo da vida na forma, desejo pela vida em mundos sem formas, orgulho — pela grandeza da tarefa realizada, a possibilidade de ser perturbado pelo que quer que seja que aconteça, a ilusão — a última película que pode distorcer a Realidade. Quando tudo isso tiver sido descartado para sempre, então o triunfante Filho do Homem terá terminado o Seu curso humano, tornando-se "uma Coluna no Templo do meu Deus e dali não mais sairá". Ele é o homem que se fez perfeito, um dos Nascidos-Primeiro, um Irmão mais Velho da nossa raça.

XII

NOSSOS IRMÃOS MAIS VELHOS

Consideremos, agora, o relacionamento com o mundo Daqueles que estão colocados em tão grande altura, e, ainda assim, pertencem à família humana, nossos Irmãos Mais Velhos.

Todas as religiões vêem, no passado, um fundador que se ergueu muito acima da humanidade; todas as histórias antigas falam de Seres elevados que lançaram os fundamentos de nações e as guiaram durante sua infância e juventude. Ouvimos falar de Reis divinos, de Dinastias divinas, de Mestres divinos; o testemunho do passado é tão unânime, e as ruínas remanescentes das passadas civilizações mostram-se tão poderosas, que não podemos, razoavelmente, declarar inútil esse testemunho, nem dizer que as civilizações sejam produtos alcançados sem ajuda por uma humanidade ainda na infância.

Vale também notar que as mais antigas Escrituras são as mais nobres e as mais inspiradas. O *Clássico da pureza,* da China, os *Upanishads,* da Índia, os *Gathas,* da Pérsia – apesar de fragmentários, estão acima do nível dos escritos religiosos posteriores desses mesmos países; a ética que encontramos neles é autoritária, não exortativa; ensinam, esses livros, "como quem tem autoridade, e não como os escribas".

Não há religião que ignore esse fato, no que se refere aos seus próprios Mestres e às suas próprias Escrituras; mas, infelizmente, a maioria delas tende a negar ou a ignorar o que diz respeito a outras religiões. Os estudantes da *Sabedoria* compreendem que todas essas declarações devem ser acatadas ou rejeitadas imparcialmente, e o Ocultista sabe que, embora muitas lendas e fábulas se tenham reunido em torno desses Seres poderosos, nem por isso Eles, como uma verdade, deixaram de existir no passado e existem ainda no presente.

A Hierarquia Oculta, que governa, ensina e guia os mundos, é uma Ordem com diferentes graus, tendo cada nível suas múltiplas tarefas e atendendo-as em perfeita harmonia, trabalhando num segmento do plano do Senhor Supremo, o Logos do sistema, num serviço que "é perfeita liberdade". Dois departamentos líderes da nossa seção dessa Hierarquia estão relacionados, um com o governo e o outro com o ensino dos nossos mundos.

Aqueles aos quais os hindus se referem como os quatro Kumaras * são os Chefes do Departamento do Governo, e os Manus das Rondas e Raças são os seus representantes, e têm, abaixo deles, o grau dos Adeptos, que conta entre os seus membros os chamados Mestres,

---

* O *Bhagavad-Gītā* refere-se a eles como "Os Quatro Antigos". H. P. Blavatsky diz, falando deles: "Mais alto do que os Quatro existe apenas Um."

para assisti-los nos pormenores do seu trabalho. O trabalho deles é orientar a evolução, organizar as raças, guiá-las para continentes construídos para sua moradia, administrar as leis que fazem a prosperidade ou a decadência dos povos, dos impérios e das civilizações.

À testa do Departamento de Ensino está o "Iluminado", o Buda que, quando expira na Terra, entrega a vara de comando ao que vai tornar-se, por sua vez, um Buda, o *Bodhisattva*, o verdadeiro Mestre dos mundos. Esse Mestre Supremo é a presença sempre viva que recobre e inspira as diversas formas de fé do mundo, que as funda conforme são necessárias para a orientação da humanidade, e que, através de Seus Auxiliares entre as fileiras dos Adeptos, guia cada religião até onde a obstinação e a ignorância dos homens o permitem. Cada grande onda espiritual flui desse Departamento da Fraternidade Branca e irriga a Terra em que vivemos com a água da vida.

No grau de Adeptos, a que acima aludimos, estão Aqueles aos quais o nome de "Mestre" pertence mais especificamente, pois que aceitam como chelas ou discípulos os que alcançaram um ponto de evolução que os prepara para se aproximarem do Portal da Iniciação, e estão se esforçando, resolutamente, para desenvolver em si mesmos as qualificações descritas anteriormente. Há muitos dessa categoria na Hierarquia — os que passaram pela quinta Iniciação — que não tomam alunos, mas estão empenhados em outro trabalho para ajudar o mundo. Mesmo além desse nível, alguns ainda tomarão a seu cargo os chelas que se dedicavam a eles por longo tempo, pois o vínculo formado é sagrado demais, é forte demais para ser rompido.

A Sociedade Teosófica é uma estrada aberta onde esses grandes Mestres podem ser procurados e encontrados. Entre nós estão aqueles que os conheceram face a face; e eu, que escrevo, acrescento meu humilde testemunho ao que tem ecoado através das idades, porque também eu vi e sei.

Leia também

REENCARNAÇÃO

Annie Besant

A filosofia esotérica afirma a existência de um princípio permanente e individualizado, denominado Alma, Espírito ou Ego, que habita e anima o corpo humano, e que, com a morte deste e a permanência do Ego num longo repouso nos planos mais elevados, passa a encarnar-se em outro corpo humano. Deste modo, as vidas corporais sucessivas se enlaçam como pérolas num fio, sendo este fio o princípio sempre vivente e as pérolas as numerosas e diversas existências humanas na terra.

Em alguns livros *exotéricos* orientais afirma-se que a Alma transmigra das formas humanas para as animais e pode passar a outras formas mais ínfimas, como as vegetais e as minerais, mas a filosofia *esotérica* repele de maneira absoluta essas informações, por serem irracionais e se oporem frontalmente às leis básicas da Natureza. O Ego humano não pode encarnar-se senão em formas humanas, por serem estas as únicas que oferecem condições adequadas ao exercício de suas funções; jamais pode viver em corpos animais, nem retroceder para o estado de bruto, porque isso seria espiritualmente comparável à regressão de um adulto a um estado menos que infantil.

Tais afirmações *exotéricas* só podem ser interpretadas no sentido alegórico de que um homem pode degradar-se moralmente a tal ponto que poderia ser comparado aos brutos irracionais, como o ilustram as próprias Escrituras cristãs (Jó 25:6; Mat. 7:6; 10:16, e Apo. 22:15).

O inverso se diz de outros animais, aparentemente mais evoluídos, que por suas qualidades peculiares têm sido comparados a Anjos, a Divindades e aos quatro Apóstolos evangelistas (Ez. 1:9, 10, 13, 15-18; Mat. 3:16; Apo. IV:6-8; V:6, 9, 12 e segs.).

A autora, profunda conhecedora do assunto, desenvolve-o magistralmente.

EDITORA PENSAMENTO

OS SETE PRINCÍPIOS DO HOMEM

Annie Besant

Princípios são os elementos fundamentais integrantes da natureza do homem e do Cosmos ou Universo. São sete esses princípios. Cada princípio humano tem correlação com um plano universal, um planeta e uma raça, e importa aprimorar essa correlação para estabelecer uma perfeita integração e harmonia interior do homem e entre este e o universo em que vive.

Têm sido feitas diversas classificações dos princípios humanos. Em primeiro lugar, temos a vulgaríssima e elementar divisão binária de Alma e Corpo, também sustentada por psicólogos ortodoxos, não obstante a classificação ternária, expressa por São Paulo, em Corpo, Alma e Espírito (Tess. V. 23), a mesma dos antigos Mistérios egípcios e dos primitivos Padres cristãos (Orígenes, São Clemente de Alexandria e outros).

Há também a classificação quaternária do sistema Târaka-Raja Ioga e a divisão quíntupla da escola vedantina, ambos da Índia. Por último, temos a classificação setenária, a esotérica ou semi-esotérica, cujos sete princípios, começando do mais elevado, são: o Espírito, a Alma Espiritual, a Alma Humana (a Mente), a Alma Animal (o princípio astromental, sede dos desejos, paixões e instintos), o Prâna ou vitalidade física, o Duplo Etérico (veículo do Prâna) e o Corpo Físico.

Neste pequeno livro, considerado o primeiro manual teosófico, a Autora, profunda conhecedora do assunto, descreve em linguagem clara e bem acessível esses sete princípios e a maneira de os tratar, fortalecer e aprimorar, visando o aperfeiçoamento integral e feliz do homem dentro do seu universo.

EDITORA PENSAMENTO

MORTE. . . E DEPOIS?

Annie Besant

Neste pequeno livro, a autora discute, de um ponto de vista teosófico, o processo a que chamamos morte, pelo qual o "Eu" imortal se ausenta da existência física.

A Dra. Annie Besant, segunda Presidente mundial da Sociedade Teosófica, era uma grande estudiosa e uma conhecida expoente da Teosofia. Seu livro ajudará o leitor a encarar o homem como um peregrino imortal que nasce muitas vezes na terra.

Apresentado, não como um dogma, mas como uma contribuição para a procura da verdade, este volume faz parte de uma série de pequenos manuais nos quais a autora — convencida de que "a Teosofia não é só para os eruditos, mas para todos" — expõe, em linguagem simples e clara, as doutrinas teosóficas.

Não foi só para o investigador ávido de conhecimentos — afirma Annie Besant no prefácio a este volume — *que esta série foi escrita, mas sim para todos os indivíduos, de ambos os sexos, que mergulhados na labuta diária de suas ocupações, procuram assimilar algumas das grandes verdades que tornam a vida mais fácil de viver e a morte mais fácil de encarar. Escritos pelos servos dos Mestres, que são os Irmãos Primogênitos de nossa raça, o objetivo desses manuais não pode ser outro senão o de servir aos nossos semelhantes.*

EDITORA PENSAMENTO

A SABEDORIA DOS UPANIXADES

Annie Besant

Este livro, cujo tema geral está contido em seu título, compõe-se de quatro conferências proferidas por Annie Besant em Aydar, na Índia, em dezembro de 1906, por ocasião do 31.º aniversário da Sociedade Teosófica.

Os Upanixades (os dicionários registram algumas variantes em sua grafia em português: *Upanishad, Upanichade, Upanissade*), segundo definição dos sábios hindus, "são aquilo que destrói a ignorância, produzindo assim a liberação do espírito mediante o conhecimento da verdade suprema, embora oculta".

Segundo Annie Besant, estes textos, datados de 600 anos antes de Cristo, "não possuem paralelo na literatura sagrada de todo o mundo. São como faróis no topo de uma montanha, a mostrar quão alto o homem pode subir, que porção de Luz do Eu pode ser percebida através de um simples vaso de argila, de que modo o Deus verdadeiro pode falar por intermédio do homem".

Portanto, sendo "literatura sagrada", a exegese desses textos, empreendida aqui por uma de suas maiores conhecedoras e divulgadoras no mundo ocidental, deve interessar a todos os que, teosofistas ou cristãos, trabalham de algum modo para o estabelecimento da grande Religião Universal, ou sonham com o dia em que o mundo se conscientizar de que todas as Revelações somadas constituem A Revelação, proveniente da mesma fonte, Deus, cujo conhecimento "é acessível ao homem".

EDITORA PENSAMENTO

OS MESTRES

Annie Besant

Na filosofia esotérica, Mestres são determinados grandes Seres, pertencentes à nossa raça, que completaram sua evolução humana e constituem a grande Fraternidade Branca cujo objetivo é ativar e dirigir o desenvolvimento e o aperfeiçoamento da raça. Encarnam-se voluntariamente em corpos humanos a fim de formar o laço de união entre a humanidade e os seres super-humanos, e permitem que aqueles que reúnam condições específicas de virtude, de pureza, de devoção e de serviço desinteressado, filantrópico, cheguem a ser discípulos seus, com o fim de acelerarem sua evolução e se disporem a ingressar na Fraternidade. Todas as grandes religiões têm se referido a eles, sob nomes diferentes e com profunda reverência.

Nas Escrituras judaicas, cristãs e islâmicas se evidencia a sua existência nos Arcanjos Gabriel, Miguel, Rafael, Asrael e Israfil, tanto quando nas grandes religiões orientais. São bem conhecidas as expressões de Cristo: "Sede perfeitos como perfeito é o vosso Pai, que está nos céus", e de São Paulo: "Até que todos cheguemos... ao conhecimento do Filho de Deus, o varão perfeito, à medida da estatura completa de Cristo" (*Mat.* 5:48; *Ef.* 4:13).

Annie Besant desenvolve magistralmente este sugestivo tema, acrescentando numerosos outros testemunhos históricos, doutrinários e pessoais, colhidos em várias e valiosas fontes.

EDITORA PENSAMENTO

Editora Pensamento
Rua Dr. Mário Vicente, 374
04270 São Paulo, SP

Livraria Pensamento
Rua Dr. Rodrigo Silva, 87
01501 São Paulo, SP
Fone 36-3722

Gráfica Pensamento
Rua Domingos Paiva, 60
03043 São Paulo, SP